	日本の動き	西暦
アジア		

アジア	日本の動き	西暦
1925 蔣介石、国民政府… 毛沢東、井岡山に…	戦時体制・敗戦 / 太平洋戦争・敗戦	1925
スカルノ、インド…		
1930 ガンジー、第2次…		
1931 中国共産党、瑞金に臨時政府樹立　主席毛沢東		
1934 中国共産党の長征はじまる（―1936）		
1935 中国共産党、抗日八・一宣言	民主主義化から反動化へ	
1937 日華事変（日中戦争）はじまる		
毛沢東『実践論』『矛盾論』　1938『持久戦論』		
1941 太平洋戦争はじまる		
1945 第2次世界大戦終結	占領下の民主化	
インドネシア独立宣言		
ベトナム民主共和国、独立を宣言		
1946 中国＝国共内戦はじまる		
1948 大韓民国独立　大統領に李承晩		
朝鮮民主主義人民共和国独立　主席に金日成		
1949 中華人民共和国成立を宣言　政府主席に毛沢東		
インドネシア連邦共和国独立		
1950 インドネシア＝初代大統領にスカルノ	日米安全保障条約 / 大衆化社会	1950
朝鮮戦争		
1952 ナセルらエジプト革命　1953 エジプト共和国成立		
1954 ジュネーブ協定　インドシナ停戦へ		
1955 アジア・アフリカ会議（バンドン会議）		
1956 ナセル、スエズ運河を国有化　スエズ動乱		
1966 毛沢東、文化大革命を発動	高度経済成長	
1967 スカルノ大統領失脚		
1971 中華人民共和国、国連に加盟		
1975 ベトナム戦争終結		
1976 周恩来、毛沢東死		1975

目　次

毛沢東	文・有吉忠行 絵・岩本暁顕	6
ディズニー	文・有吉忠行 絵・中渡治孝	20
ケネディ	文・有吉忠行 絵・中渡治孝	34
カロザーズ	文 有吉忠行　絵 高山 洋	48
フルシチョフ	文 有吉忠行　絵 高山 洋	50
スカルノ	文 有吉忠行　絵 高山 洋	52
サルトル	文 有吉忠行　絵 高山 洋	54
金日成	文 有吉忠行　絵 高山 洋	56
ナセル	文 有吉忠行　絵 高山 洋	58
ガガーリン	文 有吉忠行　絵 高山 洋	60
読書の手びき	文 子ども文化研究所	62

せかい伝記図書館 18

毛沢東
ディズニー
ケネディ

毛沢東
（1893—1976）

労働者と農民を守り、国のために戦いつづけて社会主義の中国をうちたてた革命家。

●父になぐられた少年時代

　毛沢東は、日清戦争が起こるまえの年の1893年に、中国大陸南部の湖南省湘潭県韶山村で生まれました。
　家は、わりあいに豊かな農家でしたが、それでも毛沢東は6歳のころから、どろにまみれてはたらきました。また、8歳のときから村の塾に行き始めて字をおぼえると、家の帳面つけや、父にかわって手紙書きなどもてつだいました。
　父は、親の権力をふりまわし、子どもがいうことをきかなければ、よく、なぐりつけました。ところが毛沢東は、だまってばかりはいませんでした。父にさからって家をとびだし、池のふちまで追ってきた父に「近よるととびこむぞ」といって、父になぐらないことを約束させたことも、あったということです。

　毛沢東は、心のやさしい母がすきでした。父にかくれて、貧しい人にこっそり米をあたえている母を見ると、まるで自分がよいことをしたように、うれしくてしかたがありませんでした。
　そしてしだいに、毛沢東の心のなかに、貧しい農民のことを考える気持ちがめばえていきました。
「農業をするのに、高い学問などいらない」
　父の考えで、村の塾は13歳でやめさせられました。でも、塾にかよっていたころから『西遊記』や『水滸伝』などを読んで本の世界のすばらしさを知っていた毛沢東は、昼の畑仕事が終わると、夜は、あかりが父に見

つからないように気をつけながら、読書をつづけました。なかでも、外国の進んだところを紹介し、これからの中国の進みかたについて書いた本に、心をひかれ、祖国の未来を、ひそかに空想するようになりました。

　日清戦争に負けて10数年がすぎた、このころの中国は、力が弱かったためアメリカやヨーロッパの国ぐにに勝手に入りこまれて、まるで外国の植民地のようになっていました。

　毛沢東は、このような社会のなかで、自分の国が危機にあることを知り、国のことを真剣に考える人間に育っていったのです。

● 学校をやめて革命軍に

「このまま、はたらくのもいい。でも、世のなかの新しいことを、もっと学んでみたい」

　16歳になった毛沢東は、米屋にはたらきに行かせようと考えていた父をけんめいにときふせて、高等小学校へ行き、さらに中学校へ進みました。しかし中学校は、半年ほどで退学してしまいました。ちょうどこの年に、それまで国をおさめてきた王朝をたおし、民主主義の新しい国をうちたてようとする革命が起こり、毛沢東もすすんで革命軍に加わったからです。

　革命は成功して、およそ3000年もつづいた王朝はほろび、国民が力をあわせて政治をおこなう中華民国が生まれました。
　安心した毛沢東は、ふたたび学問の道にもどり、師範学校へ入学しました。しかし、革命は成功しても軍人の力だけが強くなり、農民や貧しい人びとはあいかわらず小さくなって生きているのを見ると、歯がゆくてたまらず、いつも国のことを案じていました。
　5年間の学生生活で、毛沢東は、道徳や愛国心を学びました。また、強い心をもつために、村や野山をあるいてからだをきたえ、夜は、はたらく人びとを集めて無料

で、国語や歴史や社会問題などを教えました。「強い国をつくるためには、国民ひとりひとりが強くならなければならない」と信じ、同じ考えのなかまと「新民学会」をつくって、政治や文化の研究もつづけました。

25歳で学校を終えると、友だちがフランスへ留学しようというさそいに「自分の国のことをよく知ることのほうがたいせつだ」とことわり、しばらく北京大学図書館ではたらきながら勉強したのち、ふるさとへ帰って小学校の歴史の教師になりました。

ところが、教師になってまもなく、中国に進出してこようとする日本をしりぞけるための運動が学生のあいだで起こりました。毛沢東は、教師をやめて、学生の先頭にたち活動を始めました。そして、祖国を守るためには、人びとが力をあわせなければならないことをさけび、強い中国づくりをめざして進むようになっていきました。

● 労働者と農民のために

1921年、上海でひそかにひらかれた中国共産党をつくる会に出席した毛沢東は、湖南省へ帰って、共産党員として第一歩をふみだしました。

「はたらく人びとこそ、国の中心になるべきだ」

労働者のなかにとびこみ、はたらく人びとと貧しい家

の子どものための学校をひらきました。労働者が、人間らしい生活ができる賃金をもとめて立ちあがれば、一緒になってたたかいました。

　1年ののち、共産党は、やはり中国をたてなおすための運動をつづけている国民党と手をむすびました。そして毛沢東は、こんどは農村に入り、農民たちが強い力をもつための指導を始めました。

　このころの中国の農民たちは、教育を受ける機会が少なく、農業以外には、ほとんど関心もありませんでした。自分の生活をよくすることや、社会や国のことを考える力もなく、労働者の団結をねがう国民党や共産党でさえ

も、農民たちの力をあてにしていませんでした。
　ところが、毛沢東たちが農村をかけまわり、農村の若い指導者を育てるようになってからは、農民はしだいに自分たちの力で立ちあがるようになりました。
「中国の農民は、やっとめざめてきた。農民こそ中国の力だ。これで、ほんとうの革命ができる」
　毛沢東は、希望をもちはじめた農民の先頭に立って、大きな革命運動にのりだしました。
　しかし、このとき、中国人どうしの戦いが始まりました。国民党の軍隊をひきいて権力をふるっていた蔣介石が、工場の労働者や農民たちの力があまりにも大きくなるのをおそれて、それを指導する共産党をつぶすために武力をふるい始めたのです。
　毛沢東は、労働者や農民を集めて紅軍と名づけた共産党の軍隊をつくり、はじめは江西省の井岡山にたてこもって戦いつづけました。そして４年ののちには、井岡山の東の瑞金に「中華ソビエト共和国臨時政府」をうちたてて主席になり、貧しい農民たちに土地をあたえる制度を進めていきました。
　でも、戦いが始まって８年めの1934年の秋、毛沢東も紅軍も、大攻撃を加えてきた国民党軍におされて、この江西省をしりぞかなければなりませんでした。

「満州を占領した日本が中国をねらっている。いまは中国人どうしが、あらそっているときではないのに」

毛沢東は、心のなかでこうさけびながら、およそ10万人の紅軍をひきつれて西へむかいました。

とちゅうで、国民党軍となんどはげしい戦いをくり返したかわかりません。およそ1万2500キロの野山を越えていくうちに数しれない兵士がたおれ、1年ののちに陝西省の北部にたどりついたときには、10万人の軍隊は3万人になっていました。まるで地獄のような紅軍の大移動でした。しかし、毛沢東はこの苦しい戦いで北へ北へ追われながらでも、農民や労働者にさけびつづけま

した。
「祖国を救うために革命をおこそう。みんながひとつになって、立ちあがろう」

やがて、陝西省の延安で軍隊をととのえ、共産党の力をもりかえした毛沢東は、自分は穴ぐらに住んで貧しい生活をつづけながら、日本が進入してくるのをふせがねばならないことを、うったえつづけました。

● 日本と戦い新しい国の建設へ

毛沢東が44歳になった1937年に、ついに、日本との戦争が始まりました。
「国内のあらそいはやめ、国民党軍と共産党軍が力をあわせて、国を守らなければだめだ」

毛沢東は、声をはりあげて立ちあがり、この毛沢東のさけびで、国民党と共産党は手をむすんで日本と戦うことを約束しました。

共産党軍は、このとき軍の名を八路軍と改めて勇ましく戦い、日本軍を苦しめました。また、毛沢東は「この戦いは最後にはかならず中国が勝つ」という論文を発表して、国民をはげましました。

戦争は、第2次世界大戦へ発展して、日本に原子爆弾が落とされて1945年に終わりました。アメリカ軍と力

をあわせて戦いつづけた中国は、毛沢東の信じたとおり戦争に勝ちました。

　ところが、戦争が終わるとまもなく、蒋介石は、アメリカから新しい武器を手に入れて、またもや共産党への攻撃を始めました。

　毛沢東は、長い戦争でつかれはてた国民のことを考えると、もう戦いなどしたくはありませんでした。しかし、中国に人民のための国家をつくるためには、戦うよりしかたがありません。毛沢東は、八路軍を人民解放軍という名に改めて、国民党軍に立ちむかい、4年ののちに蒋介石を台湾に追いはらって、この中国人どうしの戦いを

共産党の勝利で終わらせました。

　この戦いのあいだ、蒋介石は戦いに勝つことだけしか考えませんでしたが、毛沢東は「人民解放軍は労働者や農民の味方だ」とうったえながら、貧しい人びとのために活躍することを忘れませんでした。毛沢東の、この農民たちを愛する行動がおおくの国民の心を共産党にひきつけ、戦いを勝利にみちびいたのです。
「さあ、国をひとつにまとめて、民主主義国家の建設だ」
　毛沢東は、独立と自由と平和を守る中国の建設へ、力強くのりだしました。

●中華人民共和国の主席になって

　1949年10月、北京の天安門に立った55歳の毛沢東は、中華人民共和国の建国を宣言しました。師範学校を卒業して祖国のために戦いつづけて30年、新国家の主席にえらばれた毛沢東は、ついに、6億をこえる中国国民の指導者になったのです。

　しかし、広大な中国を見わたすと、20年ちかくつづいた戦いで国土は荒れ、国の生産力はおとろえ、豊かな人民共和国をきずくまでには、さまざまな問題が横たわっていました。

　毛沢東は、となりの国のソ連に協力をもとめて国内の

産業を活発にしながら、いっぽうでは、独自の考えで国じゅうに人民公社の建設を始めました。
「農民ひとりひとりが土地をもつのをやめ、それぞれの公社がかかえた広い土地のなかで、おおくの家族がいっしょに生活し、いっしょにはたらき、お金は、みんなが同じようにもらう」

これが人民公社です。公社のなかには、学校も病院もあります。毛沢東は、みんなでものを作って、みんなが平等にしあわせになる社会主義の考えを、すこしでも早くひろめようとしたのです。

何千人、何万人の人びとがいっしょに暮らす公社がつ

ぎつぎにできました。

　ところが、長いあいだ広い土地をもっていた人や、せまくてもやっと土地を手に入れた人びとには、自分の土地を失ってしまう人民公社の制度に反対するものもいました。

「国民に、心をいれかえてもらうよりしかたがない」

　毛沢東は、自分の考えを本にして国民にくばり、学習会をひらいて、自分だけの欲はすててしまうように、人びとに語りかけました。

　また、たとえ古くから伝わり、正しいとされてきたものでも、社会主義を進めるためにじゃまになる文化は、すべてすててしまわなければならないことも、よびかけました。

　しかし、毛沢東がいっしょうけんめいになればなるほど、こんどは、政府の役人のなかにも、毛沢東の考えを批判する人が現われました。

「りっぱな社会主義の国をめざすあまり、無理をしすぎたのかもしれない」

　毛沢東は各地での混乱を目の当たりにして、1959年4月、国家主席を劉少奇にゆずり、第一線をしりぞきました。でも、そのごも中国共産党のためにはたらきつづけ、1972年にはアメリカのニクソン大統領と会見し、

資本主義国とも友好関係を結びました。
　1976年9月9日、毛沢東は、貧しい労働者と農民を解放するために生きぬいた生涯を終えました。83歳でした。
　毛沢東は、革命家であっただけでなく、文学を愛し、ときにはみずから筆をとって詩を作る心のふかい人でした。だからこそ、おおくの貧しい人びとの心に、あたたかく語りかけることができたのかもしれません。
「大きな男が地球上に存在した」
　日本のある有名な作家は、毛沢東を、このようにたたえています。毛沢東は、つづくかぎりの力で中国のためにいのちをささげた、人物でした。

ディズニー

(1901—1966)

自分の夢を追いつづけ、世界の子どもたちに笑いと夢をはこんだ、まんが映画の王さま。

●父をたすけて新聞配達

　ディズニーは、まんが映画の王さまです。『白雪姫』『バンビ』『メリー・ポピンズ』などの美しい映画は、何十年もまえから、子どもから大人まで、世界じゅうの人びとに親しまれてきました。しかし、名作を生みだすまでのディズニーの少年時代や青年時代は、けっして、まんがのように楽しいものではありませんでした。

　ウォルト・ディズニーは、1901年に、アメリカのシカゴで生まれました。3人の兄とひとりの妹との、5人兄弟でした。

　ディズニーが4歳のとき、家族はミズーリ州のマーセリンへ移り、父はそれまでの建築の仕事をやめて、農業を始めました。ところが、父が畑の仕事に慣れないうえに、天候の悪い年ばかりつづいたので、作物の収穫はあ

きらめなければなりませんでした。しだいに生活が苦しくなり、飼っている牛やブタまで売ってしまいました。
「このままだと、うちじゅう、うえ死にしてしまう」
　父は、思いきって農場を売りはらい、家族は、同じ州のカンザスという町へでました。父は新しく新聞の販売店の仕事を始めました。
「父さんはがんばっている。よし、ぼくも手伝おう」
　11歳になっていたディズニーも、店にやとわれた少年たちといっしょに、毎朝3時に起きて新聞配達を始めました。強い雨の日は、コートを着ていても、からだがぐっしょりぬれました。雪の日は、足をすべらせて、な

んどもころびました。でも、それから5年間、暗い朝の道を、重い新聞をかかえて走りつづけました。
「絵の勉強をして、まんが家になろう」
　新聞のまんがを見ているうち、ディズニーは、いつのまにか、そんなことを心に決めていました。そして、新聞配達だけではなく、学校の昼休みには、校内の売店ではたらきました。夏休みには汽車に乗りこんで、食べものの車内販売もしました。
「子どもは、お金をもつ必要はない」
　げんかくな父は、新聞配達をしても、お金をくれません。だからスケッチブックや絵の具を買うために、少しでもあいた時間をみつけては、別な仕事でお金をつくるよりしかたがなかったのです。

●まんが家への勉強を始める

　やがて、一家はシカゴに移り、父はゼリー工場ではたらくことになりました。
「まんが家になりたいなら、しっかり勉強しなさい。お金なら、新聞配達をしたときのがためてあるんだよ」
　高等学校へかようようになったディズニーは、父の、思いがけない言葉にはげまされて、週に3回、美術学校で絵を学ぶようになりました。

　でも、父の言葉にあまえてしまったわけではありません。自分のことは自分でしっかり考えるようになっていたディズニーは、毎日、学校から帰ると、父がはたらく工場へかけこんで、びん洗いをしました。夏休みには、朝早くから午後３時ごろまで郵便局ではたらき、夕がたは駅で乗客の整理をしました。

　ところが、絵はたいへんじょうずになったというのに、17歳になったディズニーは、とつぜん、自分からすすんで軍隊へ入ってしまいました。

　1914年に始まった第１次世界大戦がますますはげしくなり、国が「祖国を愛する少年兵」を募集しているの

を知ると、ほんとうはまだ年がたりないのにごまかして、赤十字部隊に少年兵としてもぐりこんでしまったのです。そして、まもなく戦争が終わるとそのままフランスへ渡り、戦争のあとかたづけをしてはたらきました。

　しかし、夢を捨ててしまったわけではありません。兵隊にとりかこまれてかいた絵がほめられれば、ますますまんが家への夢はふくらみ、まんがをかいては、遠いフランスから祖国アメリカの出版社へ送りつづけました。

　いかめしい軍服を着ていても、ディズニーの心のなかには、まんが映画の王さまへの芽が、すくすくとのび始めていました。

●会社がつぶれてハリウッドへ

「どんなに苦しくても、自分できめた道を進もう」

　軍隊からもどった18歳のディズニーは、両親とわかれ、トランクひとつさげてカンザス市へやってきました。

　5年まえまで新聞配達をしていたカンザスには、知っている人がたくさんいました。でも、まんが家への夢がかなえられる仕事は、なかなか見つからず、ディズニーは、貧しさとたたかうためにどんな仕事でもしました。

　やがて19歳になり、やっと、まんがをかく仕事にめぐりあうことができました。それは、広告用のまんが映

画を作る仕事でした。
　いよいよ、まんが映画王へのスタートです。最初の作品は、１分間の短いものでしたが、ディズニーの心は、とびはねんばかりです。やはりまんががすきなアブ少年と、がっちり組んで、ふたりの夢はふくらみました。
「うごくまんがは、まだ世界で始まったばかりだ。人のまねをしないで、ぼくたちだけの新しい映画を作ろう」
　小さなガレージをかりて、人形作りや、撮影の研究をすすめました。そして数本の映画に成功して注文がたくさんくるようになると、思いきって、自分たちのまんが映画会社を作りました。

ラック・オー・グラム社。社長は、もうすぐ20歳になるディズニー。アブは重役。社員は助手2、3人。おとぎばなしをまんが映画にして、映画館に売りこむのです。
「よろこんでください。ついに夢がかないました」
　ディズニーは、子どものころからいちばん仲がよかった、すぐ上の兄のローイに手紙を書きました。
　ところが、作った映画は人気があったのに、映画館に売りこむせわをしていた会社がつぶれて、お金が入ってこなくなりました。ふたりが作った会社は、1年あまりでつぶれてしまいました。

　ディズニーは、アブとも別れ、ひとりきりになりました。お金もなくなり、食べものにも困るようになってしまいました。くつは修理にだしたままで、はくものもありません。でも、決して気を落としたりしませんでした。
「どんなに苦しくても、シカゴへは帰るものか。映画の都ハリウッドへ行って、新しい会社を作るのだ」
　苦しければよけいに、ハリウッドへ行きたい気持ちが強くなりました。そんなおり、思いがけなく映画を1本たのまれて、お金が入りました。
「やはりハリウッドへ行こう。そして、力いっぱいがんばってみよう」
　ディズニーは、しんせつだったカンザスの人たちとあ

く手をして、ハリウッドへの急行列車に乗りこみました。希望にみちたまんが映画王は、このとき21歳でした。

●ミッキー・マウスの誕生

「売れた、売れた、アリスが売れた」

ハリウッドへきて1年めのある日、戦争のときに病気になって海軍病院に入院していた兄のローイのところへ、ディズニーがとんできました。見本を作って売りこんでいた『まんがの国のアリス』の注文がきたのです。それも、1巻や2巻ではなく12巻です。

「よかったじゃないか、おめでとう、おめでとう」

ローイは、自分のことのように、よろこびました。でも、手をとりあったふたりは、すぐ暗い顔になりました。注文はとれても、映画を作るお金がなかったからです。
「よし、そのお金は、ぼくが借りてきてやろう」
　ローイは、ディズニーの肩をたたいて、うれしい約束をしてくれました。
「兄さんありがとう。いっしょに、いい映画を作ろうよ」
「そうだな、もうすぐ退院できるから、がんばろう」
『まんがの国のアリス』は、こうして、兄弟ふたりの力で、すばらしい映画になりました。
　そして、初めて長いまんが映画づくりに成功したディズニーは、ローイや、カンザスからよびよせたアブに祝福されて、リリーというかわいい娘と結婚しました。
『まんがの国のアリス』につづいて、ディズニーは、ネズミを主人公にした映画を作ることを思いつきました。
「あんなきたないネズミのまんがなんか……」
　リリーも、ローイも、アブも反対しました。でも、カンザスでひとりぼっちの生活をしたときに、うす暗い部屋のなかで、１ぴきのネズミと仲よしになったことがあるディズニーには、自信がありました。
「ネズミって、やさしくて、かわいい動物なんだよ」
　ディズニーは、まんがのネズミに、ぼうしをかぶせ、

くつをはかせ、大きな手ぶくろをはめて、名まえをミッキー・マウスとつけました。

さあ、それから数か月ののち、ニューヨークの映画館には、毎日、長い行列がつづくようになりました。『ミッキー・マウス』の映画が始まったのです。

「ぼくのうちにも、あんなネズミがでてこないかなあ」

ミッキー・マウスは、またたくまに、アメリカじゅうの人気ものになりました。

● 大きくひらいたまんが映画の花

『ミッキー・マウス』を5巻、10巻と作りつづけてい

た1927年に、アメリカで、世界ではじめてトーキー映画が作られました。音がでる映画です。

「よし、ミッキー・マウスもトーキーにしよう」

いつも新しい技術を追いかけるディズニーは、映画のなかのミッキー・マウスの動作にあわせて、ラッパを吹き、たいこを鳴らし、せんたく板をこすり、バケツをたたいて、ゆかいな音を作りだしました。ニューヨークの楽団にたのんで、楽しい音楽も入れてもらいました。しかし、画面と音があわないので、なんど、やりなおしをしたかわかりません。

ついに世界で初めての音のでるまんが映画が完成しました。こうしてディズニーは、まんが映画王の花を、りっぱにひらかせました。そのうえ、2年ののちにローイとともにパリにまねかれ、国際連盟からすばらしい賞をもらいました。

『ミッキー・マウス』の映画は世界の人びとを楽しませ、世界の国ぐにをなかよくさせることに、たいへん役にたったというのです。

「まんが映画も、大きな力をもっているんだ」

ディズニーは『ミッキー・マウス』の成功で、ますます、まんが映画への夢を大きくふくらませました。

「もっと、おもしろく、もっと、美しい映画を作ろう」

　子どもたちの笑顔を思いだすと、じっとしていられないディズニーは、次には、ま夜中に、墓場のがいこつたちがうかれだす『がいこつのおどり』を作って、子どもばかりか、大人たちの腹までもよじらせました。
　また、世界で初めて、まんがに美しい色をつけた『森の朝』を作り、大自然のすがたをいきいきと描きだして、人びとを感動させました。
「長編映画を作ったら、子どもたちはもっとよろこぶぞ」
　まんが映画王のむねに最後にひらめいたのは、世界の名作や楽しい物語を、長い１本のまんが映画にしていくことでした。それまでは、10分間たらずで終わってし

まうものばかりだったのです。
「何万、何十万枚のまんがを、どうしてかくのだ」
　兄も、アブも、絵をかく人も、みんなしりごみしました。しかし、一度いいだしたら、自分の考えをひっこめるディズニーではありません。会社のなかにまんが学校をつくって卒業生たちに絵をかかせ『白雪姫』『ピノキオ』『ダンボ』『バンビ』『子グマ物語』『シンデレラひめ』『ふしぎの国のアリス』『ピーター・パン』などを、まるで魔法のように、次つぎに生みだしていきました。
　また、まんがではなくほんとうの人間を使って『宝島』『ロビンフッド』『海底２万マイル』など、むねをわくわくさせるような映画を作り、子ども向き映画を世界に送りとどけました。
　そしてもうひとつ『砂漠は生きている』『ほろびゆく大草原』『百獣の王ライオン』『白い荒野』『グランドキャニオン』などの、生きている自然や自然のなかの動物たちをとらえた映画も作りあげ、みずみずしい記録映画の世界をきりひらきました。
　第２次世界大戦が終わって10年めの1955年、ディズニーは、アメリカ西部のロスアンジェルスの町はずれに、とても１日ではまわりきれないくらいの大遊園地、ディズニーランドをつくりました。

　それは、子どもたちだけが、楽しむのではなく、大人たちにも夢をもたせ、心をおどらせることのできる、遊園地でした。
「人間は、夢をもたなければいけない。そして夢に向かって努力すれば、だれにだって夢はかなえられる」
　ただひとすじに、夢を追いつづけたディズニーは、63歳のときに、アメリカ市民として、最高の名誉である自由勲章を受け、その2年ごにこの世を去りました。
　いまもなお、ディズニーは、映画を通じて、世界じゅうの子どもたちを、やさしいまなざしで、ほほえみながら、見つめているにちがいありません。

ケネディ

（1917—1963）

アメリカの威信と若さをとりもどすため、全力をつくしながら凶弾に倒れた悲劇の大統領。

●大統領をおそった銃弾

　1963年11月22日、大統領選挙の選挙演説のためテキサス州ダラス市の空港についたケネディ大統領は、オープンカーに乗って、演説会場の貿易会館へ向かいました。

「ケネディ」「ケネディ大統領」「ジョン・ケネディ」

　道の両がわにあふれた人びとが、いっせいに叫び、ケネディは、手をふりつづけて、歓迎にこたえていました。ところが、午後12時30分、かすかな銃声が3発つづいたと思うと、車のなかのケネディのからだは、がくっと、かたむいてしまいました。銃弾が、頭と首に命中したのです。

　オープンカーは、驚きさわぐ町の人びとの声をふりきって、全速力で約6キロメートル離れたパークランド

記念病院へ走りこみました。しかしケネディは、もう、目をひらくことはありませんでした。

　犯人オズワルドは、その場でたいほされました。しかし、このオズワルドも一人の男にうち殺され、ケネディ暗殺の理由は、歴史のなぞになってしまいました。

　ケネディ大統領は、このとき、まだ46歳でした。

　ジョン・フィッツジェラルド・ケネディは、1917年、アメリカ合衆国のボストン市で生まれました。

　父は、銀行の頭取（銀行の代表者）をしながらいくつかの会社の社長をつとめる大実業家でした。

しかし、ケネディ家は、1850年ころまではイギリスの西にある島国アイルランドの、貧しい農民でした。ある年、家畜も人間もうえ死にしてしまうほどの大ききんにみまわれ、一家は新しい土地を求めて、アメリカへ渡ってきました。それからケネディ家の人びとは努力に努力をかさね、ケネディの祖父は、ボストン市長にまでなりました。

「勇気ある人」

ケネディ大統領が、このようによばれたのも、祖父たちのたくましい開拓精神をうけついでいたからに、ちがいありません。

● 1番になれ、2番は負けだ

小学生のころのケネディは、学校の成績はあまりよくありませんでした。ふだんは、もの静かに、偉人の伝記や歴史などの本を読んで、ひとりで考えるのが好きでした。でも負けん気は強く、兄との自転車競走では、死にものぐるいでペダルをふみました。大けがをしたこともあります。ふたりが公園の広場を反対方向へ走ってゴールへきたとき、兄の自転車に正面しょうとつしそうになっても、勝つためにスピードをおとさなかったのです。

負けん気の強さからでしょうか、兄とレスリングやボ

クシングをして遊ぶと、たちまち熱中してしまいます。
「どちらも負けるな、最後まで戦うのだ」
　父は、ふたりの兄弟が戦っているときは、ケネディ少年がどんなに投げとばされていても、どんなになぐられていても、けっしてとめませんでした。ふだんから「なんでも１番になれ、２番は負けだ」と教えていた父は、ものごとにくじけない強い心を、わが子にうえつけようとしていたのです。それに、どんなに激しくなぐりあっていても、ふたりが、どこの家の子どもよりも仲のよい兄弟だということを、父は知っていました。
　やがて小学校を終えたケネディ少年は、子どものとき

から独立心を育てようという父の考えで、寄宿舎で生活しなければならない私立学校へ進みました。

　そして、18歳でケネディは、その高等部を卒業しました。卒業するときの成績は、112人中64番で、父のいう「1番」とは、ずいぶんかけはなれていました。ところが、思いがけなく、ほかのことで1番になりました。
「将来、だれが1番えらくなるだろうか」
　同級生のだれかが、こんなことをいいだして、クラスで投票が始まりました。すると、ケネディが最高点だったのです。学校ではたくさんの本を読み、休暇で家へ帰れば、家族のみんなと自由に話しあえたケネディには、いつしか友だちから尊敬される豊かな知識が、身についていました。

　国や社会の問題に関心をもつようになっていたケネディは、19歳でハーバード大学の法学部政治学科へ進みました。初めのうちは、からだをきたえるために、勉強よりもスポーツに夢中になりました。フットボールも水泳も選手になることはできませんでしたが、がむしゃらな負けん気だけは、上級生たちを驚かせました。

　2年生になったとき、父は大統領からイギリス大使に任命され、ケネディも、このころから政治について真剣に考えるようになりました。

「大学で学んだことを、自分の目で確かめてみよう」

大学の休暇には、2度もヨーロッパの国ぐにをまわって、政治への目を大きく開いていきました。

1939年、ドイツがポーランドへ攻めこんで、第2次世界大戦が始まりました。ケネディが、大学4年のときです。大戦をひき起こす原因のひとつになった、イギリスの政治の失敗について、ケネディはすばらしい卒業論文を書き、優等賞をもらって大学を卒業しました。そして、父のすすめで、その論文を『イギリスはなぜ眠っていたのか』と題して出版すると、アメリカでもイギリスでも大評判になり、ケネディの名まえは、またたくまに広まりました。

●勇気ある魚雷ていのてい長

　1941年12月7日（日本では8日）の夜明け、ハワイ真珠湾のアメリカ海軍は、日本軍のきしゅう攻撃をうけました。ヨーロッパの戦争が、ますますひどくなろうとしていたときです。アメリカ国民は怒りを爆発させて立ちあがりました。

　ケネディ家では、父も母も戦争に反対でした。しかし、国を愛し若い力にあふれる兄のジョーゼフは空軍へとびこみ、ケネディも海軍に入りました。そしてケネディは、海軍中尉で魚雷ていのてい長になりました。

　南太平洋の基地に着いたケネディ中尉の魚雷ていは、その日から大活躍を始めました。ところが、1943年8月2日、思いがけないことが起こりました。

　海上のけいかいにあたっていた午前2時ころ、急に現われた日本海軍の駆逐艦にあっというまにのしかかられ、魚雷ていはまっぷたつにひきさかれてしまったのです。

「みんながんばれ、死ぬな。近くの島まで泳ぐんだ」

　ケネディ中尉は、自分がけがをしているのも忘れて、部下を励ましながら泳ぎつづけました。そして、15時間ののちに死んだようになって島へたどりつきました。さらにそれから5日後に助けだされるまでのあいだ、お

ちついた行動で部下のいのちを守りとおしました。
「ケネディ中尉の勇気が、部下のいのちを救った」
　基地へ帰ったケネディには、アメリカ海軍から勲章がおくられました。しかし、まもなくケネディは、海軍病院に入院しなければならなくなりました。学生時代にスポーツでいためた背中を、海へ投げだされたときに、また悪くしてしまったのです。およそ１年間の病院生活を送ったのち、ケネディは海軍をしりぞきました。
　1945年、戦争は終わり、世界に平和がもどりました。しかし、ケネディ家には、むかしのままの楽しい生活はもどってきませんでした。空軍で活躍したジョーゼフは、

ドイツ軍との戦いで戦死していたのです。

「とうさんは、このごろさみしそうだ。兄さんのことを思いだしているんだろうか」

ケネディは、ひとりで考えこんでいる父をみると、かわいそうでしかたがありませんでした。

●兄のこころざしをついで政治家へ

「ジョーゼフは、ほんとうは政治家が夢だったのだ。どうだ、ジョーゼフのこころざしをついでくれないか」

28歳になった、ある日、ケネディは父にやさしく語りかけられました。

ケネディには、父の気持ちがよくわかりました。そして、いく日か考えると、兄のぶんまでりっぱな政治家になることを決心しました。

「よし、まず、下院議員に当選してみせるぞ」

ちょうどそのころ、ボストン市で、アメリカ合衆国下院におくりだす議員の補欠選挙がありました。それを知ったケネディは、民主党から立候補しました。でも、当選するのは1名だけです。それに、当選するためには、まず予備選挙で、同じ民主党から立候補している10名と争って第1位になり、それからさらに、やはり予備選挙に勝った共和党の立候補者と戦わなければなりません。

 ケネディは、貧しい人たちのなかにとびこみ、酒場でも、工場でも、理髪店でも、ごみすて場でも、人の集まるところならどこへでも行って、自分の考えをうったえました。美しいことばで貧しい人たちをだますようなことは、ぜったい口にしませんでした。議員になったらやれると信じたことだけを、真剣に語りかけました。
「あなたは、正直だ。わたしたちの味方だ」
 はじめは「金もちの若ぞうに何ができるものか」と思っていた人びとも、自分からすすんで、あく手の手をさしのべるようになりました。そして投票の日、ケネディはみごとに大勝利をおさめ、やがて共和党の候補者にも

勝って、ついに政治家への道をスタートしました。
「正しいことだと信じたら、勇気をもって戦おう」
　ケネディは、家賃の安い家を建てることや、貧しい人びとの生活を守ることなど、選挙のときに約束したことを次つぎに果たし、そのご３回当選して、６年間、下院議員として活躍しました。

● 自由と平和のために

　1952年、35歳で、上院議員になりました。また、その翌年には、新聞社のカメラ記者をしていたジャクリーヌと結婚して、あたたかい家庭もきずきました。
　ところが、１年ののち、思いがけない不幸がおとずれました。海軍病院で手当をした傷がふたたび痛みだし、こんどは大手術をしなければならなくなったのです。
　手術は、２度も失敗しました。でも３度めに、やっと成功して、いのちをとりとめました。
　手術ご、しばらくからだを休めているあいだに、すぐれた政治家のことを調べて『勇気ある人びと』と題した本を書きました。すると、この本は、その年にアメリカ人が書いた、最優秀の作品として「ピュリッツァー賞」に輝きました。兄のこころざしをついだケネディは、病気でたおれているあいだも、りっぱな政治家になるため

の勉強を忘れませんでした。
　1960年、43歳のケネディは、子どものころ父から「1番になれ」と励まされたとおりに、アメリカ合衆国最高の政治家になりました。民主党の大統領候補に選ばれ、共和党候補のニクソンに勝って、第35代大統領に当選したのです。
　大統領就任式の日、これまでのなかでいちばん若い大統領のケネディは、アメリカの国民に力強くいいました。
「わたしは、人類の敵である悪い政治や、戦争や、貧しさや、病気などをなくすために戦います。みなさんも、国がしてくれることだけをまたないで、ひとりひとりが、

国のために何ができるかを、考えてください」
　アメリカじゅうに、はく手がわき起こりました。世界の人びとも、勇気あることばをたたえました。
「さあ、アメリカと世界の平和のためにがんばるぞ」
　大統領になったケネディは、まず、おそろしい核兵器をかかえてアメリカとにらみあっていたソ連の、フルシチョフ首相と会談しました。そして、これからはおたがいに話しあいながら、平和な政治を進めていくことを約束しました。
　ところが、1962年の秋、アメリカからわずか150キロメートルしか離れていないキューバ島に、ソ連がミサイル基地をつくろうとしたことから、アメリカとソ連とのあいだで、いまにも戦争が始まりそうになりました。しかし「ぜったいに戦争はさけなければ」というケネディの努力がみのり、ぶじに解決されました。
　国内では、白人と黒人の人種差別をなくすために力をつくしました。白人が黒人をいじめる事件が、あとをたたなかったからです。
「自由と平等の国だというのに、なぜ、差別をするのだ」
　ひとりの黒人の大学入学に反対して大さわぎが起こったときは、怒りをおさえきれず軍隊を出動させました。人間の自由を愛するケネディは、自由をゆがめる差別を、

心からにくんだのです。

●永遠にもえつづける火

　国民をおさえつけるのではなく、国民ひとりひとりと語りあうようにして、国の政治を進めてきたケネディは、ダラスの暑い日に亡くなりました。大統領になって、まだ3年めでした。しかし「勇気ある戦い」は、アメリカの歴史のなかに、大きな足あとを残しました。
「ケネディの心は、アメリカ人みんなで、ひきつごう」
　ワシントン市アーリントンの丘のケネディの墓には、永遠の火がともされ、いまも、燃えつづけています。

カロザーズ（1896—1937）

　ウォレス・ヒューム・カロザーズは、化学せんいのナイロンを発明した、アメリカの化学者です。1896年に、アイオワ州のバーリントンという町で生まれました。
　父は商業学校の先生でしたが、子ども4人をかかえた家の暮らしは、あまりゆたかではありませんでした。そこで、長男だったカロザーズは、高等学校を卒業すると、早く社会へでて家を助けるため、商科大学の速修科へ進みました。
　しかし、子どものころからすきだった理科を忘れられず、やがて、ターキオ大学へ入りなおして、はたらきながら化学を学びました。そして、さらにイリノイ大学でも学び、28歳で理学博士の資格を得て大学の教師になりました。
　ところが数年ののち、アメリカーの化学工業会社デュポン社の研究室で、ゴムやせんいの研究にとりくむようになりました。
　カロザーズがすぐれた化学者であることを知っていた教授から、お金のある大きな会社で、思うぞんぶんに研究してみるようにすすめられたのです。
「物を形づくっている原子や分子のつながりを研究すれば、炭化水素のアセチレンから、強い人造ゴムができるはずだ」
　カロザーズは、まずゴムの研究にとりかかり、会社に入って1年ののちには、早くも、天然ゴムよりもじょうぶな、高い熱にもとけないネオプレンゴムを作るのに成功しました。
「ゴムができたのだから、せんいだって作れるにちがいない」
　つぎには、やはり化学の力で、薬品から生糸よりも細い糸を作る研究にとりくみました。なんども実験に失敗して、研究を

中止してしまわなければならないこともありました。しかし、自信をもっていたカロザーズはくじけずに研究をつづけ、1935年、ついに、ナイロンを発明したのです。
「石炭と水と空気から、新しい、化学せんいが生まれた」
　カロザーズの研究が発表されると、世界の人びとは、化学のふしぎさにおどろきました。そして、世界に名が知られる発明家になった化学者のカロザーズは、学者として最高のアメリカ学士院会員におされ、外国からもまねかれるようになりました。
　しかし、それから2年ののち、湖にボートでこぎだしたカロザーズは、そのまま帰ってきませんでした。文学や音楽も愛し、神経がこまやかだったカロザーズは、じゅんすいな研究と会社のための研究のあいだに入って、苦しんだのかもしれません。
　ナイロンは、カロザーズが亡くなったつぎの年から作られるようになり、せんいの世界に大きな灯をともしました。

フルシチョフ (1894—1971)

ニキータ・フルシチョフは、20世紀の、ソ連の政治家です。1894年に、ウクライナの炭鉱労働者の家に生まれ、初等教育を終えると、すぐ、炭鉱や工場ではたらきはじめました。

フルシチョフが11歳のときに第1次ロシア革命、23歳のときに第2次ロシア革命(2・10月)がおこり、皇帝が支配した国の政治がくずれて、社会主義のソビエト政府が生まれました。

少年時代から労働者の社会に入ったフルシチョフが、この革命のえいきょうを強くうけたのはとうぜんです。24歳でロシア共産党に入り、はたらきながら政治運動にくわわりました。

4年後、28歳になったフルシチョフは、党から、ソビエト労働者学校に学ぶことがゆるされました。また、35歳のときにはモスクワのスターリン記念工業大学に学ぶこともゆるされ、大学卒業後、モスクワ市の党委員会書記に任命されて、政治家への道を歩みはじめました。そして、党の組織をかためる仕事のかたわら、モスクワの地下鉄の建設に力をつくし、地下鉄が完成した1935年にはレーニン勲章をうけました。

フルシチョフが、ソビエト社会主義共和国連邦のなかで大きな力をもつようになったのは、30年にわたって政権をにぎってきたスターリンの時代が、1953年に終わりをつげてからです。

「スターリンの独裁的な政治には、権力のゆきすぎがあった」

まず、スターリンをひはんすることから始めたフルシチョフは、やがて1958年には首相となり、国民の生活を豊かにすることを考えるいっぽう、積極的な外交政治にのりだしました。

「戦争は、さけることができる。われわれは、資本主義の国ぐ

にと、平和的に競争し、共存していく」
　党大会で、このようにさけんだフルシチョフは、1959年にはアメリカのアイゼンハワー大統領、さらに2年後にはケネディ大統領と会談して、ソ連とアメリカの友好を強めました。
　ところが、1962年に、カリブ海のキューバにソ連のミサイル基地をつくろうとしたことから、いまにも、アメリカとのあいだに戦争がおこりそうになりました。このときフルシチョフは、キューバの共産政府にアメリカが口だししないことを条件に、ミサイル基地の建設をとりやめて、危機をのりこえました。
　しかし、2年後の1964年には、書記と首相の地位を追われてしまいました。資本主義国との共存に目をむけすぎて、中国との仲を悪くしてしまったことや、農業の発展に失敗したことなどが、強いひはんをあびてしまったのです。資本主義国との平和共存。これがフルシチョフの残した最大のものでした。

スカルノ （1901—1970）

インド洋と太平洋のあいだに、インドネシアがあります。スマトラ、ジャワ、ボルネオ、セレベスのほか、大小1万3000あまりの島が集まっている共和国です。しかし、1945年に第2次世界大戦が終わるまでは、オランダに支配された植民地でした。

1901年、その植民地時代にジャワ島のスラバヤで生まれたアハマッド・スカルノは、子どものころから、自分たちの独立国をもたない悲しさに心をいためながら育ちました。そして1925年にバンドン工科大学を卒業すると、2年ののちにはインドネシア国民党をつくって、民族独立の戦いへ立ちあがりました。

ところが、たちまちオランダの役人ににらまれ、1929年にとらえられたときは2年、1933年にとらえられてからは9年ものあいだ、牢や島にとじこめられてしまいました。1939年に第2次世界大戦が始まったときも、とらえられたままでした。

1942年、インドネシアを占領した日本軍の力で、スカルノは、やっと自由の身になりました。でも、こんどは、わがままな日本軍のいうことを聞きながら、戦争が終わるのをまたなければなりませんでした。

1945年8月に戦争が終わり、スカルノは、おりから出されたライオンのようないきおいで、立ちあがりました。
「オランダも長い戦争でつかれている。いまだ」
このようにさけんだと思うと、8月17日にはインドネシア独立を宣言し、新しい憲法を定めて大統領になったのです。

しかし、独立の声をあげてはみたものの、まだまだ平和はおとずれず、それからおよそ4年のあいだ、もとの植民地にもど

そうとするオランダと、戦わなければなりませんでした。
　1949年に、オランダは、ついにインドネシアの独立をみとめ、つぎのとしにインドネシア連邦共和国が誕生しました。ところが、スカルノ大統領には、これからさきが、さらにたいへんでした。
　国土が数おおくの島にわかれているため、国民の心がひとつにまとまらず、各地で国民どうしの争いが起こりました。民主主義の国をきずくため、国民のなかからさまざまな代表を集めて話しあいの政治を進めていこうとしましたが、成功しませんでした。そのうえ、共産党の人たちとも手をむすんで政府をつくったことから、政府と軍人がにらみあうようになり、1967年、ついにスカルノ大統領は、陸軍司令官スハルト将軍に大統領の地位をゆずることになってしまいました。
　スカルノは、1970年に69歳で亡くなりました。この建国の父の生涯には、心の休まるときはありませんでした。

サルトル (1905—1980)

「人間は、たとえ人生がむだにあたえられたものであっても、自分の未来は自分でつくりだして、人生に価値を生みださなければいけない。自分の生き方は自分でえらびとるべきだ。自分の人生を自分でえらべるからこそ、人間は自由である。しかし、自由であるかわりに、自分が生きていることについては、すべて、自分が責任をもたなければならない」

ジャン・ポール・サルトルは、このような考えの実存主義をもとにして人間のあり方を追究した、フランスの小説家です。

サルトルは、海軍の技術将校だった父を2歳のときに失い、およそ10年後に母が再婚するまでは、祖父の家で育てられました。このとき、空想科学小説などを読みふけり、早くから、自分でも物語を書きはじめたということです。

19歳で、高等師範学校へ入学しました。サルトルが、その後ひとすじに愛しつづける女流作家ボーボアールにめぐりあったのは、ここで哲学を学んでいたときのことです。ふたりは、おたがいの自由をみとめあって、正式には結婚しませんでした。しかし愛情は、ふつうの夫婦以上に深かったといわれています。

師範学校を卒業したサルトルは、徴兵義務で2年ほど軍隊生活を送ったのち、高等中学校の教師になりました。そして、世界の名作を読みかさねて自分の思想をみがき、哲学の論文や短編小説を発表して、哲学者、小説家の道を歩みはじめました。

1938年、長編小説『嘔吐』を発表すると、サルトルの名はいちどに高まりました。実存主義に心をよせてきたサルトルは、この作品のなかで「人間の存在の意味」を、するどく追究して

みせたのです。そして、数年後には『蠅』『出口なし』などの戯曲も発表して、人間が生きていくために背負わなければならない問題を、さらに深く問いかけました。

　いっぽう、1943年には、哲学の大著『存在と無』を著して、ここでも「人間は、どうしたら自己の存在をみとめることができるか」を、問いつめました。

　第2次世界大戦が終わった1945年には教職をしりぞき、その後は、長編小説『自由への道』をはじめ戯曲『汚れた手』『悪魔と神』などを書きつづけました。そして1964年には、ノーベル文学賞の受賞者にえらばれました。しかし、人間の自由をたいせつにしたサルトルは、受賞をことわってしまいました。
「人間は、自分の意思と判断で、生きていかねばならない」

　このことを訴えつづけたサルトルは、1980年に75歳で亡くなりました。人間とは何かを考えつづけながら……。

金日成（キムイルソン）(1912—1994)

　1910年、朝鮮半島の支配をねらっていた日本の「韓国併合」によって、韓国は日本の領土となり、国の名も朝鮮とよばれるようになりました。韓国の人びとは国を失ってしまったのです。

　金日成は、この併合の2年後に、朝鮮半島北部の平安南道で生まれました。父も母も、祖国をうばった日本の権力と戦う活動家でしたから、金日成が、日本へのにくしみをいだいて育ったのは、とうぜんのことです。1919年に、朝鮮民族の独立をうったえる大きな運動がおこったときには、わずか7歳だった金日成少年もデモ隊にくわわって、日本の帝国主義反対をさけびました。

　10歳をすぎてまもなく、両親といっしょに、そのころ満州とよばれていた、中国の東北地方へ移住しました。そして、中学校へ進むと早くも共産主義の組織へ入って、中国へも力をのばしてきた日本の権力に対する抵抗運動をはじめました。18歳までのあいだに3度もとらえられて監獄へおくられました。しかし、くじけませんでした。

　1931年、日本が満州へ侵略してきました。金日成は、満州にいる朝鮮人によびかけて革命軍をつくり、日本の軍隊や警察の権力と戦いつづけました。1937年には、およそ1000人の革命軍をひきいて、朝鮮北部の日本人の町をおそい、日本の支配に泣いている祖国の人びとを勇気づけました。

　1945年、ついに、朝鮮半島全土が朝鮮人の手にもどりました。1939年に始まった第2次世界大戦が終わり、連合国への日本の降伏によって、日本の支配からときはなされたのです。

　金日成は、北朝鮮の人びとに将軍としてむかえられ、1948年には朝鮮民主主義人民共和国をうちたてて、首相となりました。しかし、朝鮮に平和がもどったわけではありませんでした。
　第2次世界大戦後の朝鮮は、ソ連軍が占領していた北朝鮮とアメリカ軍が占領していた南朝鮮に分けられました。南朝鮮には大韓民国が生まれましたが、1950年、その大韓民国とのあいだに、政治に対する考えのちがいから朝鮮戦争がおこりました。
「祖国をひとつにするために、南からアメリカ軍を追いはらえ」
　金日成は、朝鮮人民軍最高司令官として、ふたたび立ちあがりました。戦争は、国際連合の力で3年後に終わりました。でも、大韓民国と手をにぎりあうことはできませんでした。
　金日成の夢は、南北の統一です。1972年に人民共和国の主席になってからも、社会主義国家の建設に力をつくしながら、祖国朝鮮がひとつになる日のために、活動をつづけました。

ナセル (1918—1970)

　エジプトの政治家ガマール・アブドゥル・ナセルは、古代エジプト文明を生んだナイル川のほとりで、1918年に生まれました。父は郵便局員でした。

　エジプトは、ナセルが生まれて4年のちの1922年にイギリスの支配からのがれ、王国として独立を宣言していました。しかし、じっさいの政治の権力はイギリスににぎられたままでした。
「イギリスの支配がつづくかぎり、ほんとうの独立国ではない」
　愛国心にもえていたナセルは、少年時代からこのように考え、早くも中学生のときにイギリスの権力に対する反対運動をおこなって、退学させられそうになったことがありました。

　20歳で士官学校を卒業すると、4年ごには教官に任命されましたが、やがて、エジプト民族のことを考えるなかまと自由将校団をつくり、ひそかに革命計画を進めました。そして、1952年、ついに目的を達成しました。革命委員会と名をかえた自由将校団が立ちあがって国王を追放し、共和国宣言に成功したのです。ナセルは、1956年に共和国憲法が定められると、初代の大統領になりました。まだ36歳の若い大統領でした。

　ところが、ナセルの前には、ただちに大きな問題が立ちふさがりました。エジプトは、ナイル川に世界最大のアスワン・ハイ・ダムの建設計画を進めていましたが、資金の援助を約束していたアメリカとイギリスが、イギリスの支配からのがれたナセル政権に対抗して、その約束をやぶってきたのです。

　ナセルは、ダム建設資金を生みだすために、イギリスが支配していたスエズ運河の国有化を宣言しました。そして、それは

スエズ動乱へと発展しました。でも、ナセルは勇気をもって動乱をきりぬけ、ナイル川のダムもソ連の援助を受けて、約10年でみごとに完成させました。

アラブ諸国がひとつになることを夢に見ていたナセルは、1958年には、シリアとむすんでアラブ連合共和国を建設しました。しかし1961年には分裂し、さらに1967年には、六日戦争とよばれるイスラエルとの戦いに敗れ、その3年のちに心臓の病気で急死してしまいました。

ナセルは、民族的な戦いだけではなく、国内の政治にも力をつくし、教育の充実、医療制度の改善、貧しい農民を救うための土地改革などに大きな業績を残しました。また、アフリカの民族解放運動などにも兵を送り、力の弱い国ぐに発展のために手をさしのべました。ナセルが死んだとき人びとは「ナセルは死んだけれど、その名は永遠に残る」とたたえたということです。

ガガーリン (1934—1968)

　人類最初の宇宙飛行をなしとげたユーリー・ガガーリンは、1934年に、ソ連西部のスモレンスク州で生まれました。父も母も、コルホーズとよばれる集団農場ではたらいていました。
　ガガーリンが5歳のとき第2次世界大戦が始まり、スモレンスクにもドイツ軍が攻めてきました。そして村は敵にせんりょうされ、家族は穴ぐらで生活しなければなりませんでした。
　1945年に戦争は終わり、中学校で2年学んだガガーリンは、家が貧しかったので上級学校へ行くのをあきらめ、工場ではたらきながら学ぶ職業学校へ入りました。
「もっと勉強したい。できれば、大学をでて技師になりたい」
　やがて、夜間中学から、さらに技術専門学校へと進みました。ところが、専門学校のときに町の航空クラブへ入って大空へ舞いあがっているうちに、すっかり飛行機にとりつかれてしまいました。そして、21歳のときには航空士官学校に合格して、パイロットへの道をあゆみ始めたのです。
　2年間の士官学校を終え、すぐれた戦闘機乗りになったガガーリン少尉は、北極に近い基地の任務につきました。しかし3年ののちには、ひそかにあこがれていた宇宙飛行士の候補にえらばれ、26歳のたん生日をむかえると、ひみつの場所で、きびしいくんれんを受けるようになりました。
　1961年4月12日、宇宙服を身につけたガガーリンは、ついに宇宙船ボストーク1号に乗りこみました。
「心ぞう、かわりなし、じゅんび完了」「よし、発射」
　モスクワの時間で午前9時7分、ボストーク1号は、ごうご

うと音をたてて発射台をはなれました。そして、わずか70秒をすぎたと思うと無重力の大気圏外へとびだし、1時間48分で地球をひとまわりして、ボルガ川のほとりのコルホーズにもどってきました。
「地球は青かった。さまざまな色の絵の具をならべたように美しかった」
　いのちがけで、すばらしい宇宙へのとびらをあけたガガーリンは、たちまち、世界の英雄になりました。国からは、27歳の若さで少佐の位があたえられました。
　しかし、それからわずか7年ののち、この新しい時代の英雄は、くんれん中のジェット機がつい落して、悲しい最期をとげてしまいました。
「わたしは、祖国のために勇気をふるっただけです」
　いつもこう答えていたガガーリンは、心のやさしい人でした。

「読書の手びき」

毛沢東

日本にくらべて、国土の広さは約25倍。人口は、およそ10倍。この巨大な中華人民共和国の基礎をきずいた毛沢東は、その生涯を革命にささげました。ふたりの弟も初めの妻も、革命の犠牲になって殺されました。しかし、私怨をのり越えて、中国民族という大きなもののために戦い続けました。19世紀の中ごろから、中国は他国の侵略を、ほしいままにされてきました。これを中国民族のひとりとして心からなげき、帝国主義や官僚資本主義などから守るために、やむにやまれず立ちあがったのが毛沢東です。毛沢東の30年間の戦いによって1949年に中華人民共和国が生まれ、中国は、近代的社会主義国家へのスタートを切りました。ところが、そのご、毛沢東思想への批判がでました。しかし、これは歴史の流れとしてしかたのないことかもしれません。ひとつの信念をもって生きた毛沢東が、スケールの大きな人間であったことにはかわりなく、その生涯が中国の歴史そのものだともいえます。

ディズニー

ある日、ディズニーがたいせつにしていたイチゴ畑がリスに食い荒らされました。するとディズニーは、庭番にリスをつかまえさせましょうと怒っている妻に、笑いながら言いました。「イチゴは市場で買ってくればいい。でも、リスは市場へでかけるわけにはいかないんだよ」これは、ディズニーのやさしさを伝える話です。ディズニーの心には、子どもへの、動物への、そして大自然への愛の灯が、いつも明るくともっていたにちがいありません。だからこそ、まんが映画も、劇映画も、記録映画も、あれほどまでに愛されたのではないでしょうか。ディズニーは、すぐれた映画製作者である以上に、すぐれた芸術家であったはずです。まんが映画の世界をきり開い